Jürga Kleps

# *Die Sonne schläft im Meer*

## Lyrik in unserer Zeit

AUGUST VON GOETHE LITERATURVERLAG

IM GROSSEN HIRSCHGRABEN ZU FRANKFURT A/M

*Das Programm des Verlages widmet sich
aus seiner historischen Verpflichtung heraus
der Literatur neuer Autoren.
Das Lektorat nimmt daher Manuskripte an,
um deren Einsendung das gebildete Publikum
gebeten wird.*

©2007 AUGUST VON GOETHE LITERATURVERLAG FRANKFURT AM MAIN
Ein Imprintverlag des Frankfurter Literaturverlags GmbH
Ein Unternehmen der Holding
FRANKFURTER VERLAGSGRUPPE
AKTIENGESELLSCHAFT AUGUST VON GOETHE
In der Straße des Goethehauses/Großer Hirschgraben 15
D-60311 Frankfurt a/M
Tel. 069-40-894-0 ✴ Fax 069-40-894-194


www.frankfurter-literaturverlag.de
www.august-goethe-verlag.de
www.haensel-hohenhausen.de
www.fouque-verlag.de
www.ixlibris.de


Bibliografische Information Der Deutschen Bibliothek
Die Deutsche Bibliothek verzeichnet diese Publikation in der Deutschen
Nationalbibliografie; detaillierte bibliografische Daten sind im Internet
über http://dnb.ddb.de abrufbar.


Satz und Lektorat: Daniela Frank

ISBN 978-3-86548-796-4
ISBN 978-1-84698-329-0


Die Autoren des Verlags unterstützen das Albert-Schweitzer-Kinderdorf in Hessen e.V.,
das verlassenen Kindern ein Zuhause gibt.
Wenn Sie sich als Leser an dieser Förderung beteiligen möchten, überweisen Sie bitte
einen – auch gern geringen – Beitrag an die Sparkasse Hanau, Kto. 19380, BLZ 506 500 23,
mit dem Stichwort „Literatur verbindet". Die Autoren und der Verlag danken Ihnen dafür!

Printed in Germany

# Vorwort

Lyrik in unserer Zeit – der Widerstreit könnte kaum noch größer sein. Deshalb ist es mein sehnlicher Wunsch, die durch tagtäglichen Horror und zunehmende Besorgnisse gestörte Balance in der Welt unserer Empfindungen mit meinen Gedichten ein wenig zu korrigieren. Sollte er sich auch nur bei einer kleinen Schar aufmerksamer Leser mit offenen Herzen erfüllen, so wäre das für mich wie ein leuchtender Regenbogen vor einem düsteren Himmel.

Für die Anregung, Gedichte zu schreiben und sie auch über den engeren Kreis der Familie, Freunde und Bekannten hinaus zu präsentieren, möchte ich an dieser Stelle zwei Freunden mit tiefempfundener Herzlichkeit danken: Frau Hildegard Hauck, als großartige Sängerin und Kabarettistin bekannter unter ihrem Künstlernamen Hill Gutt, und ihrem Mann Herbert Hauck, für den es als Steuerberater, Wirtschaftsprüfer und Maler zeit seines Lebens ein gordischer Knoten gewesen ist, seine Fähigkeiten und Neigungen in den beiden großen Richtungen seines Engagements optimal zu vereinen.

Meinen Mann, Prof. Dr. rer. pol. Karlheinz Kleps, habe ich in den vergangenen Jahren auf vielen seiner Vortragsreisen in nahe und ferne Länder begleiten können. Sie bilden nicht nur eine vornehmliche Quelle der Ideen zu meinen Gedichten. Oft ist mit solchen Reisen vielmehr auch die Möglichkeit verbunden gewesen, eigene Lesungen zu veranstalten. Wie dankbar ich meinem Mann dafür bin, wird kaum jemand ernsthaft ermessen können.

Lüneburg, im Januar 2007                     Jürga Kleps

# Inhaltsverzeichnis

Teil I
**Eine poetische Weltreise**

Teil II
**Liebe zur Natur**

Teil III
**Empfindungen**

# Teil I

## Eine poetische Weltreise

# Fernweh

Mit off'nen Augen träum' ich,
schaue den Wolken nach.
Faszination erfaßt mich.
Die Reiselust wird wach.

Flugzeuge malen Streifen
an's hohe Himmelszelt.
Meine Gedanken wandern
dahin, weit in die Welt.

In der Erinn'rung leuchten
Bilder voll Harmonie.
Schon bin ich fortgeflogen
in meiner Phantasie!

Und selig überquer' ich
die Erde, mach' oft halt.
Sehe Alaskas Gletscher,
staune im Regenwald.

Die Inseln der Karibik
ziehen mich magisch an.
Die Landschaft ist voll Schönheit,
schlägt mich in ihren Bann.

Die Farbe von Smaragden,
so irisierend grün
und klar in ihrer Reinheit,
hat sich das Meer entlieh'n.

Gewaltig sind die Staaten,
das reichste Land der Welt!
Hier Wunder über Wunder
hat Menschenhand erstellt.

Den Sears Tower Chicagos,
Manhattans Skyline, die
häßlich und zugleich schön ist,
vergißt der Tourist nie!

Die Niagarafälle,
der Rockies Felsenpracht,
das Wunder des Grand Canyons!
Hier zeigt die Natur Macht!

Ich sehe San Francisco,
die Bucht, die Golden Gate.
Ein Wahrzeichen, berühmt
und eine Rarität!

Es folgt ein weiter Flug.
Dieser bringt mich im Nu
hoch in die Andenwelt,
in's Bergland von Peru.

Die Majestät der Berge
umgibt die Inkastadt
Machu Picchu, die heut' noch
ein Rätsel für uns hat.

Mystik umweht den Ort,
versteckt und abgeschieden.
Er weist mich ab, als wollt' er
bewahren seinen Frieden.

Danach tauche ich gern ein
in Rios Karneval.
Tanze im Sambarhythmus
mit Partnern ohne Zahl.

Die Cariocas sind wie toll.
Ihr heißes Temperament
schäumt über, weil ihr Herz voll,
nichts Arm und Reich mehr trennt.

Ein Glitzern und ein Schillern!
Herrliche Kreationen
von Zauberhänden derer,
die in Favelas wohnen.

Der Corcovado grüßt mich.
Der Zuckerhut schaut her.
Adieu, Copacabana!
Der Abschied fällt mir schwer.

Das Fernweh treibt mich weiter,
zieht mich nach Afrika.
Ich seh' in der Savanne
die Tiere, die sehr nah.

Unter Akazien haben
die Löwen Schutz gesucht.
Die Gnus und Zebras äsen,
allzeit bereit zur Flucht.

Giraffenaugen blicken
aus luft'ger Höh' herab.
Ein Elefant trompetet.
Ich nehm' den Wanderstab.

Die Schatztruhe der Erde
wird Asien genannt.
Man möchte darin wühlen,
reisen von Land zu Land.

Das Tadsch Mahal bei Agra,
vom Mondlicht angestrahlt,
schwebt wie ein zartes Schemen,
von Geisterhand gemalt.

Die Gläubigen am Ganges,
Paläste feenhaft.
Daneben tiefste Armut.
Das Herz nur kaum es schafft,
dies' alles zu verkraften,
denn helfen kann man nicht.
Das Elend dieser Menschen
zeigt bitter sein Gesicht.

Die Tempel Bangkoks wecken
Begeisterung in mir.
Zeugen alter Kulturen,
fremdart'ge Götterzier.

Und bunten Schmetterlingen
gleichen die zarten Frau'n.
Biegsam, mit schmalen Gliedern,
exotisch anzuschau'n.

Bali, Insel der Götter,
Barong- und Affentanz.
Hibiskusblüten leihen
selbst den Dämonen Glanz.

Lächelnd bieten die Menschen
mir ihre Freundschaft an.
Ein Paradies auf Erden!
Man es kaum fassen kann.

Mein Wunderteppich bringt mich
alsdann in's Reich der Mitte.
Schlitzaugen achten scharf
auf jeden meiner Schritte.

Der Menschen einz'ges Bauwerk,
das man sieht aus dem All,
ist Chinas Große Mauer,
aufgetürmt wie ein Wall.

Vom alten China leider
man nicht viel sehen kann.
Vom Sohn des Himmels liest man
noch höchstens im Roman.

Zu gerne streicheln würd' ich
die Pandabär'n im Zoo.
In Freiheit sind sie selten.
Gottlob ist dies' nicht so
bei ihren kleinen Vettern,
die in Australien leben,
Koala-Bären heißen,
nach Eukalyptus streben.

Die Kängurus sind zahlreich.
Man vergißt hier die Zeit.
Ich bin entzückt und starte.
Sydney ist nicht mehr weit.

Hier geh' ich in die Oper,
die formvollendet schön
und in der Welt einmalig,
sieht man am Hafen steh'n.

Langsam werde ich müde.
Noch einen letzten Sprung
mache ich in die Südsee.
Platz der Erinnerung!

Einsam in der Lagune
nehm' ich ein kühles Bad.
Die wilden Blumen duften.
Die Glieder werden matt...

Traumland Gauguins, da bin ich!
Weit war der Weg hierher.
Ihr abgeschiedenen Inseln
im stillen, blauen Meer.

Die Nächte in den Tropen,
sternenbestickt, sind klar.
Das Kreuz des Südens ist hier
für mich zum Greifen nah...

Der Klang der Kirchenglocken
dröhnt durch die Stille weit.
Ich öffne meine Augen,
bin in der Wirklichkeit!

Zu Ende ist die Reise!
Meine Gedanken sind
mit einem Mal gegangen.
Gelegt hat sich der Wind.

Erinnerungen bleiben!
Den Schatz verlierst Du nie!
Durch ihn kannst Du verreisen
in Deiner Phantasie!

# Hamburg

Die bunten Fahnen blähen sich im Wind.
Vom Hafen her weht eine steife Brise.
Spürst Du den Duft der großen, weiten Welt?
Füll' Deine Lungen mit 'ner frischen Prise!
Plötzlich fühlst Du Dich mit der Stadt verwandt.
Du bist in Hamburg an der Waterkant!

Welch' ein Gefühl, am Hafen zu steh'n!
Aus aller Welt kommen Schiffe und geh'n.
Man glaubt hier an den Klabautermann.
Aus jedem Mastkorb lacht er uns an.
Es riecht nach Tang, nach Fisch und nach Teer.
Das Fernweh packt uns. Es lockt das Meer!
Hafenromantik wickelt uns ein.
Jeder von uns möcht' gern Seefahrer sein!

Shanties und Klöhnschnack sind hier Tradition.
Ein echter Hamburger hält viel davon.
Aalsuppe, Labskaus, ein Köhm und ein Bier!
Ist es woanders noch schöner als hier?!!
Die Segel flattern. Die Alster ist
blau wie der Himmel, der sie heut' küßt.
Hier schlägt das Herz einer Hansestadt,
die so viel Flair, so viel Klasse hat!

Hamburg sagt oft „Hummel! Hummel!" zu Dir.
Grüß' dann mit „Mors! Mors!" Das ist Sitte hier!
Es ist so üblich. Niemand denkt schlecht.
Du bist in Hamburg. Und hier ist das recht!

Brodelnde Weltstadt! Persönlichkeit!
Du trägst mit Würde Dein stolzes Kleid!
Zieht uns das Leben auch manchmal hinaus.
HAMBURG bleibt HAMBURG!
Hier sind wir zuhaus'!

## Auf See

Hoch oben segeln die Wolken,
kommen von irgendwo her.
Schließe die Augen und träume,
spüre den Wind und das Meer.

Öffne die Tür Deiner Seele.
Sag' Deinen Sorgen „Ade!"
Genieß' die Reinheit und Frische.
Fühle den Atem der See!

Lausche den Liedern der Wellen.
Höre das Möwengeschrei.
Vernimm den Schlag Deines Herzens.
Hier bist Du glücklich und frei!

# Der Klabautermann

Klaus Störtebeker kannte ihn
und auch Sir Francis Drake,
denn überall ist er zuhaus',
wo eine Brise weht.

Mal ist er groß, mal ist er klein.
Er wechselt die Gestalt,
ist abgrundhäßlich, wunderschön.
Mal ist er jung, mal alt.

In Takelagen schaukelt er,
ist eins mit Meer und Wind.
Man hört ihn seufzend klagen.
Schaurig sein Lied erklingt.

In jedem Mastkorb lauert er
und schaut den Menschen zu.
Ein jeder Seemann fürchtet ihn.
Stört niemals seine Ruh'!

Hütet Euch vor'm Klabautermann,
denn furchtbar ist sein Zorn!
Folgt ihm und achtet sein Gesetz,
sonst seid Ihr auf See verlor'n!

## Spitzbergen – Im Magdalenenfjord

Berstende Schollen im tiefblauen Fjord.
Schneeluft, erquickend und rein.
Flechten und Moose, alt wie die Zeit,
zieren gemaserten Stein.

Schatten der Wolken auf ewigem Schnee.
Natur, ursprünglich und wild.
Gletscher, gewaltige Ströme aus Eis,
zeichnen ein leuchtendes Bild.

Die Möwen kreischen. Ihr schriller Ruf
fällt hart in die Stille ein.
Lichterfunken auf glitzerndem Eis.
Ich staune, fühl' mich so klein!

Einsamkeit. Leere. Vergangene Zeit.
Die Phantasie trägt mich fort.
Felsen, zu Denkmälern aufgetürmt.
Mystik umwebt diesen Ort.

Walfänger lebten und starben hier.
Fanden die letzte Ruh'...
Nebelschleier senken sich sanft,
decken das Gräberfeld zu...

# Grönlandimpressionen

Die Luft ist rein und köstlich.
Tief atmet man sie ein.
Nirgendwo auf der Welt
ist sie so klar, so rein.

Farbklecksen gleich steh'n Häuser
auf Klippen, nah am Meer.
Wirken wie Spielzeugschachteln,
ähneln einander sehr.

Sonnenschein färbt die Wände
der grauen Felsen grün.
Wollgräser steh'n an Tümpeln
und spiegeln sich darin.

Der Pflanzenwuchs ist spärlich,
auch jetzt zur Sommerszeit.
Die Schlittenhunde heulen.
Man hört sie meilenweit.

Langsam tuckert der Kutter
ewigem Eis entgegen.
Jetzt sind wir Abenteurer,
mutig, kühn und verwegen.

Der Inuit am Steuer
blickt wachsam, konzentriert.
Für eine Hand voll Scheine
er ziemlich viel riskiert.

Eisschollen malen Tupfen,
grünweiß auf dunkelblau.
Die See ist unergründlich
und dennoch klar wie Tau.

Und dann sind wir umgeben
von magischem Blauweiß,
sind nur ein roter Punkt
vor glattpoliertem Eis.

Ein Fischerboot liegt vor uns,
holt ein den Heilbuttfang.
Wir gleiten ganz behutsam
die Eiswände entlang.

Giganten wanken drohend,
eisig, turmhoch, bizarr.
Die Nähe läßt uns frösteln.
Wir spüren die Gefahr!

Die trügerische Stille
wird plötzlich jäh gestört.
Das Bersten eines Eisbergs
die Angst heraufbeschwört.

Mit unheilvollem Grollen
stürzt sich der Klotz in's Meer.
Wellen, von Gischt gekrönt,
schäumen tiefgrün daher.

Die See beruhigt sich wieder.
Der Eiskonvoi schwimmt stumm.
Die Szene überwältigt!
Wir sind das Publikum!

Das hier ist unvergleichlich!
Steigert die Reiselust!
In uns ist Dankbarkeit.
Sie sprengt uns fast die Brust.

Erhabene Natur!
Das Herz vor Freude bebt.
Wir können es nicht fassen
und haben's doch erlebt!

## An der Reling

Es ist noch früh. Ich bin allein,
genieß den Morgensonnenschein.
Seewind umfächelt mein Gesicht,
und das Gefühl in mir entspricht
dem Augenblick, der kostbar ist
und den man niemals mehr vergißt!

Ich blicke auf das weite Meer.
Mein Gott, ich liebe es so sehr!
Schönheit ohn' Ende, wohin ich schau!
Wogen kämmen das klare Blau des Wassers,
das Spiegel des Himmels ist,
der es am Horizont selig küßt.

Ergriffen steh' ich, die Seele wird weit,
taucht ein in die Unendlichkeit.
Mein ganzes Sein fühlt eins sich nur
mit der erhabenen Natur.

Delphine, muntere Gesellen,
tummeln sich plötzlich in den Wellen.
Gischt schäumt. Das Meer ist aufgewühlt.
Die klugen Tiere sind verspielt.
Sie lächeln mich an, bleiben zurück.
Ich spür' es: Mein Gefühl heißt Glück!

# Irland – Die grüne Insel

Der Himmel wölbt sich hoch
über ein weites Land.
Alles scheint so vertraut,
mir irgendwie verwandt.

Der Golfstrom wärmt die Insel,
läßt Palmen, Blumen blüh'n,
wuchernden Rhododendron,
stark duftenden Jasmin.

Schmal schlängeln sich die Straßen.
Es geht bergauf, bergab.
Neben den Fuchsien hebt sich
schneeweiß der Aaronstab.

Die Schafe setzen Lichter
in's satte Wiesengrün.
Blökende Wollgesichter
versenken sich darin.

Mystisch ragen Steinkreuze,
von Keltenhand gebaut,
als Zeugen aus der Vorzeit,
verwittert und ergraut.

Kirchen und bunte Häuser.
Schlösser voll Tradition.
Ich liebe diese Bilder,
krieg' nicht genug davon.

Irland. Das ist Geschichte,
Sentimentalität.
Ist Wärme, Freundlichkeit,
die in die Herzen geht...

Molly Malone verkaufte
einst Muscheln in Dublin.
Sie war sehr arm und gab sich
für Geld den Männern hin.

Heut' liebt man dieses Mädchen,
verklärt es als Symbol,
als Sinnbild dieser Insel.
Das Lied ist wundervoll!

Schwermütig süß erklingt sie,
die kleine Melodie.
Sie zeigt die Seele Irlands,
und ... man vergißt sie nie!

# In der Ägäis

Flirrende Hitze. Weißer Sand.
Farbenprächtig das karge Land.
Im Schatten von Olivenzweigen
tanzen Insekten ihren Reigen.
Ein Hauch von Oleanderduft
durchdringt die heiße Sommerluft.

Hauswürfel steh'n, blütenumrankt.
Eidechsen flieh'n. Ein Esel schwankt
bergauf unter der schweren Last.
Die Zeit rinnt dahin ohne Hast.

Ich sende Träume auf das Meer,
das tiefblau, weit und ringsumher.
An Felsen sich das Wasser bricht.
Fast unerträglich hell das Licht.

Es ist so schön, am Strand zu steh'n.
Am Abend, wenn beim Untergeh'n
der Sonne färbt das Wasser sich
mit Purpurfarbe königlich,
genieße ich den Augenblick.
Danke dem gütigen Geschick,
das mich herführte, den Weg wies
in dieses kleine Paradies.

# Der kleine Elefant

Nun ist es endlich da,
das kleine Rüsseltier!
Die Mutter stuppst es zärtlich.
Dies' gefällt ihm und ihr.

Dann richtet er sich auf,
der Minielefant.
Unsich're Säulenbeinchen
proben stabilen Stand.

Und dunkle Augen blinzeln
die Welt ganz arglos an.
Drolliges kleines Wesen!
Man sich nicht sattseh' n kann.

Der eigenwill'ge Kopf!
Die wirre Stoppelkrone!
Wohin nur mit dem Rüssel?
Dies' Dasein ist nicht ohne ...

Muttermilch, Mutterliebe
haben ihm gutgetan.
Der Spieltrieb ist erwacht
und treibt ihn sichtlich an

zu kleinen Kapriolen,
zu lust'gem Schabernack!
Schon hat der kesse Bursche
die Zuschauer gepackt.

Die zarten Ohren bläh'n sich
wie Segel vor dem Wind.
Im Nu gehör'n die Herzen
dem Elefantenkind ...

# Die Giraffe

Harmonische Disharmonie!
Gravitätisch der Gang.
Eine Giraffe schreitet
langsam am Zaun entlang.

Grotesk geformter Körper,
eigenartig und schön.
Der Anblick fasziniert mich.
Gebannt bleibe ich steh'n.

Die feuchten großen Augen
fangen mich prüfend ein.
Beredter kann ein Tiergesicht
wohl wahrlich nicht mehr sein!

Seltsame Kreatur.
Fremdartig, doch vertraut.
Meterlang ist Dein Hals,
braungescheckt Deine Haut.

Obwohl Du hier stets satt wirst,
ist alles nur gestellt.
Hier ist nicht Deine Heimat!
Es ist nicht Deine Welt!

Wärst Du doch frei, so denk' ich,
Du tragischer Gigant!
Der Mensch hat Dich entwurzelt.
AFRIKA ist Dein Land!

## Safari in Kenia

Vom Himmel glüht die Sonne grell,
verbreitet heißes Licht.
Schatten der Schirmakazien
kühlen der Erde Gesicht.

Von fern grüßt der Mount Kenia
in zartem Violett.
Träge wälzt sich der Fluß dahin
in seinem flachen Bett.

Einträchtig stehen Büffel hier
im Wasser, lehmig, braun.
Ein Flußpferd reißt das Maul weit auf.
Die Gnus sich näher trau'n.

Plötzlich sind Elefanten da.
Heller Trompetenstoß.
Respektvoll weichen Tiere vor
Kolossen, grau und groß.

Familie Warzenschwein hab' ich
im Steppengras entdeckt.
Sehr eilig trippeln sie dahin,
die Schwänzchen hochgestreckt.

Von rotem Boden hebt sich das
schwarzweiß gestreifte Fell
des Zebrakindes prächtig ab.
Es läuft zur Mutter schnell.

Giraffen! Hälse meterlang.
Ich leg' den Kopf zurück.
Begegne Augen, groß und sanft.
Wachsam prüfend der Blick.

Tiefes Gebrüll! Die Tiere zieh'n
in wilder Flucht davon.
Impalas springen hoch und weit.
Die Löwen nahen schon.

Das Nashorn blinzelt kurzsichtig.
Es stampft wütend herum,
wirbelt Staub in Fontänen auf.
Bleibt steh'n, schnaubt, dreht sich um.

AFRIKA! Schwarzer Kontinent!
Geheimnisvoll! Grandios!
Der mich beglückt, verzaubert hat.
Er läßt mich nie mehr los!

# Namibia – Wüste und Meer

Dünen. Gewaltige Berge aus Sand.
Wellen der Endlosigkeit.
Ocker vermählt sich mit Himmelblau.
Plötzlich vergeß' ich die Zeit.

Lichter und Schatten. Dornengestrüpp.
Winziges Sandkorn im Raum.
Alles durchdringende Helligkeit.
Fata Morgana? Ein Traum!

Das Meer rauscht in riesigen Wogen heran,
tiefgrün, von Gischt weiß gerahmt.
In unvergleichlichem Farbenspiel
die Brandung das Ufer umarmt.

Wasser und Wüste finden sich
an diesem weiten Strand
in ungestörter Harmonie.
Wie schön ist doch dieses Land!

Die Spuren des Springbocks sind fast verweht.
Nur grelles Sonnenlicht.
Hart ist der Kampf der Pflanzenwelt.
Auch das ist der Wüste Gesicht.

Ich sitze auf einem Dünenkamm,
umfächelt vom heißen Wind.
Fühl' mich ganz leicht und empfinde tief,
wie winzig klein wir doch sind!

## In der Karibik

Mit weichen, kühlen Armen
umfängt das Wasser mich.
Leise glucksen die Wellen,
glitzern im hellen Licht.

Ich schaue, rieche, fühle,
schmecke das Salz der Gischt.
Spüre den Meeresatem,
der mich labt und erfrischt.

Ein Wechselspiel der Farben.
Um mich nur Smaragdgrün!
Der Himmel kost das Wasser,
spiegelt sein Blau darin.

Fischschwärme, bunte Schemen,
huschen dahin geschwind.
Berühren mich, neugierig, zart.
Ich freu' mich wie ein Kind!

# New Orleans – Der schwarze Sänger

Mit beiden Händen umfaßt er
wie schützend das Mikrophon.
Leise beginnt er zu singen.
Wägt sorgsam ab jeden Ton.

Er gibt sich ganz. Seine Stimme,
strahlend und sammetweich,
findet den Weg zu den Herzen,
magnetisch, betörend zugleich.

Ihm helfen die dunklen Augen,
die klug, sanft und freundlich sind,
und sein bezauberndes Lachen,
das müh'los die Menschen gewinnt.

Es ist die Musik seiner Ahnen.
Traurig, ergreifend klingt sie.
Der Sänger wiegt sich im Rhythmus.
Zündende Melancholie.

Er singt die Lieder der Sklaven,
die Baumwolle pflückten im Feld,
die schutz- und rechtlos sich plagten,
verhöhnt von der weißen Welt.

Er singt von verkauften Kindern
in ihrer verzweifelten Not.
Die bitterlich weinenden Mütter
wünschten sich nur noch den Tod.

Er singt von den zischenden Peitschen.
Hart und erbarmungslos
wurden die Menschen erniedrigt,
die sich wehrten gegen ihr Los.

Er singt von ihren Leiden,
vom Kampf um's tägliche Brot.
Von ihrem tiefen Glauben.
Kraft fanden sie nur bei Gott.

Es sind so einfache Worte.
Die Melodien wunderschön.
Man kann die Seele der Schwarzen
im Gesicht des Sängers seh'n.

Betroffen spendet man Beifall,
staunt, applaudiert diesem Mann.
Bewundert die Stärke des Ausdrucks,
ihn, der heut' zeigt, was er kann.

Der Sänger verneigt sich bescheiden.
Charisma zeichnet ihn aus.
Man muß sich ihm einfach öffnen.
Glücklich geht er hinaus.

# RIO – Stadt mit zwei Gesichtern

RIO, die Stadt am Zuckerhut.
Schönheit, die überschäumt.
Facettenreicher Diamant.
Die Stadt, von der man träumt!

Von Urwald tiefgrün eingerahmt,
leuchtet die Szenerie
im hellen Tropensonnenlicht.
Betörende Magie!

Lockend winken die Strände.
Ergriffen steh' ich, stumm.
Berge und Buchten bilden die
Kulissen ringsherum.

Plötzlich ist dieser Junge da.
Armselig die Gestalt.
Er schweigt. Die Augen sprechen.
Sind nicht mehr jung, sind alt!

Langsam dreht sich der Januskopf.
Der Wahn zusammenbricht.
Dicht vor mir ist das andere,
das zweite Angesicht!

Die alten Kinderaugen fleh'n,
dringen tief in mein Herz.
Auch dieses Kind ist RIO!
Ist Armut, Elend, Schmerz!

Trauer und Hoffnungslosigkeit
liegen in seinem Blick.
Millionen leben so wie er.
Nichts ändert ihr Geschick.

Kinder, die betteln, stehlen,
nur auf sich selbst gestellt.
Die niemals Kind sein durften
in einer heilen Welt!

Die keine Liebe kennen,
die niemals werden satt.
Verzweifelt, ohne Chance
in dieser schönen Stadt!

RIO hat zwei Gesichter!
Die Tarnkappe ist schön,
doch grausam ist die bitt're Not.
Ich mußte beide seh'n.

Hoch auf dem Corcovado
steht er, kennt allen Schmerz!
Hebt segnend seine Arme,
nimmt RIO an sein Herz!

# Gesichter Asiens – Vietnam

Die Menschen Vietnams,
sie haben sehr gelitten.
Jahrzehntelang bedroht,
jahrzehntelang geschnitten,
jahrzehntelang gehungert,
jahrzehntelang verloren.
Hoffnungslos ihre Kinder
in Not hineingeboren.

Ich habe schon so viel
über das Land gelesen,
den grauenvollen Krieg,
der „gestern" erst gewesen.

Nur flüchtige Streiflichter
kann ich hier sammeln, schildern,
so, wie ich es vermag,
in Versen statt in Bildern.

Die Fahrt mit einer Rikscha
durch's hektische Saigon!
Wer dieses überlebt hat,
träumt noch sehr oft davon!
Der Reiz der lauten Märkte.
Die Garküchen. Der Duft
steigt lockend in die Nase,
mischt sich mit heißer Luft.
Gewürze! Lampions! Möbel
niedrig und schwarzlackiert,
mit Perlmuttornamenten
geschmackvoll reich verziert.

Kunstvolle Schnitzereien
verraten Können, Sinn.
Bunte Papierdrachen
schweben lautlos dahin.
Die scheuen Kinder zeigen
den Eltern viel Respekt.
Sie achten ält're Menschen.
Ich hab' es hier entdeckt!

Die Landschaft atmet Frieden.
Ich fühl' mich eingehüllt
vom Licht und von der Wärme.
Die Sonne streichelt mild.

Sattgrüne Reisterrassen.
Nickende Kegelhüte.
Runde Gesichter lächeln
sehr freundlich, zeigen Güte.
Himmlischer Wolkenpass!
Die Kaiserstadt Hue!
Armut, erschütternd, krass.
Bauern, drahtig und zäh.

Ich such' Spuren des Krieges
und kann sie nirgends finden.
Getilgt? Man möchte vergessen
und kann's doch nie verwinden.

Dem Vergleich mit dem Süden
hält der Norden nicht stand.
Freude ist fast ein Fremdwort.
Resignation prägt das Land.

Ich bin total befangen,
unangenehm berührt.
Hier sind die Menschen anders.
Ich hab's sofort gespürt.

Am Ende meiner Reise
entdecke ich Halong.
Berge und Buchten wirken
wie eine Illusion.

Ich möcht' genießen, schauen,
halten den Augenblick.
Die Natur überwältigt!
Mein Herz füllt sich mit Glück!

Gern würd' ich hier noch bleiben.
Es ist so still, so schön!
Sehr schwer fällt mir der Abschied!
Dann wird es Zeit, zu geh'n.

# Rangoon  –  Die goldenen Tempel

Hoch oben blinken Sterne.
Bleich hält der Mond die Wacht.
Pagoden deuten golden
in's tiefe Blau der Nacht.

Juwelen schmücken Dächer,
funkelnd, fein ziseliert.
Das Licht bricht sich in Prismen,
auf Säulen, reichverziert.

Und über allem: BUDDHA!
In Tempeln, tief beglückt,
hocken die Menschen vor ihm,
selig der Welt entrückt.

Die Hitze ist gewichen
dem kühlen Abendwind.
Ein Gong dröhnt durch die Stille.
Dicht vor mir sitzt das Kind.

Geschminkte kleine Göttin
auf glattpoliertem Stein.
Leuchtend blicken die Augen auf BUDDHA.
Sie sind rein.

Barfüßig schreiten Nonnen,
Mönche langsam dahin.
Sanft lächelnde Gesichter.
Nur Andacht steht darin.

Von Menschenhand geschaffen
ist dieses fremde Reich.
In meinem Herzen weiß ich,
hier fühlen alle gleich.

# Peking – Der Elfenbeinschnitzer

Er arbeitet mit einer Lupe.
Die feinen Hände zittern nicht.
Mit großer Fingerfertigkeit
schnitzt er ein winziges Gesicht.

Es entsteht eine Kostbarkeit,
ein Mädchen, zartgeformt und schön.
Zerbrechliche Vollkommenheit!
Es fasziniert mich, zuzuseh'n.

Der Zauberkünstler, der mich jetzt
so freundlich ansieht, ist sehr alt.
Zahnlos lächeln die dünnen Lippen.
Schmal und gekrümmt ist die Gestalt.

Die schrägen Augen sind wie Teiche,
so unergründlich tief ihr Blick.
Die Haut spannt sich wie Pergament.
Er deutet hinter sich zurück.

Dort, ausgestellt in Glasvitrinen,
seh' ich Figuren, die er schuf
aus Elfenbein, filigranzart.
Der Schnitzer liebt seinen Beruf!

Ich möchte ihn so manches fragen,
weil aus ihm sehr viel Weisheit spricht.
Doch da verschieden uns're Sprachen,
verstehen wir einander nicht.

Täusche ich mich? Der Asiate
zeigt erst auf mich und dann auf sich,
verneigt sich leicht, und tausend Fältchen
zerknittern plötzlich sein Gesicht.

Vielleicht will er mir damit sagen:
„Ich freu' mich, daß es Dir gefällt!
Es ist mein Leben, das Du siehst,
ist meine eig'ne kleine Welt.

In jeder Schnitzerei bin ich.
In jedes Stück aus Elfenbein
hab' ich geschnitten meine Seele.
So lebt sie fort. Bald geh' ich heim..."

## Bilderbuch Australiens

Ich bin im Outback! Endlos weit
dehnt sich die Szenerie.
Grandios und monoton zugleich
weckt sie die Phantasie.

Sonnenglut heizt den Billabong.
Trockenes Einerlei!
Ein Willy-Willy tanzt daher,
wirbelt im Nu vorbei.

Ein Schwarm von Rosenkakadus
belaubt den kahlen Baum.
Der Kukabara kichert laut.
Leben erfüllt den Raum.

Der Eukalyptus atmet stark.
Uns allen wohlbekannt
ist dieser Duft. Sehr intensiv
durchzieht er rotes Land.

In eine Astgabel geschmiegt
sitzt etwas, späht herunter.
Ein schläfriger Koalabär
wird ganz allmählich munter.

Ich werde vorsichtig taxiert
von Augen, klein und starr.
Australiens Teddy, den man liebt!
Wieso, wird mir nun klar.

Am liebsten möcht' ich dieses Tier
in meine Arme nehmen,
die Öhrchen zausen und sein Fell
sanft streicheln und verwöhnen.

Leider lockt ihn das Blättermeer
unwiderstehlich an,
und schon strebt unser Kindertraum
wieder den Wipfel an.

Ich freue mich. Australien hat
mir noch so viel zu bieten!
Ich warte auf die Kängurus,
will seh'n die Monoliten,
die Olgas und den Ayers Rock,
die Felsenmalerei.
Die Regenbogenschlange ist
auch hoffentlich dabei!

Ich bin den Aborigines,
den Malern, auf der Spur,
der bunten Unterwasserwelt,
der Vielfalt der Natur.

Und habe ich all' das geseh'n,
geträumt an einem Strand,
dann sage ich: „Auf Wiederseh'n,
Du wunderbares Land!"

# Neuseeland – Die Höhlen von Waitomo

Der Nachen gleitet rasch dahin.
Das Wasser gluckst. Beklommenheit
läßt uns verstummen. Ganz allmählich
verschiebt sich alles: Raum und Zeit.

Um uns ist schwarze Finsternis,
umfängt uns, schluckt fast jeden Laut.
Ich hör' den Schlag des eig'nen Herzens.
Ein Frösteln kriecht über die Haut.

Endlich erreichen wir die Höhle.
Geheimnisvolles Dämmerlicht
geistert über die Grottenwände.
Ich reib' die Augen, glaub' es nicht.

Glühwürmchen! Tausende, Millionen
glimmen an glattpoliertem Stein.
Bedecken Wände, Nischen, Ecken.
Kein Festsaal könnte schöner sein!

Die Phantasie schafft Truggebilde.
Dicht vor mir steht ein Wichtelmann.
Ein Zwerg, der sich als Fels entpuppt.
Ein Wahn, den man nicht greifen kann.

Und Feenhände streicheln zärtlich.
Leis' huscht die Fledermaus davon.
Ich bin gefangen wie im Märchen.
Erliege gern der Illusion.

Ein Niesen! Plötzlich ist es dunkel.
Die Würmchen stell'n die Lampen aus.
Der Zauber weicht nur langsam von uns.
Wie im Traum gleiten wir hinaus.

# Bora Bora

Vor mir liegt Bora Bora,
von Stränden weiß gesäumt.
Paradies in der Südsee.
Insel, von der man träumt.

Die Palmen fächern Schatten.
Im gold'nen Sonnenglanz
schimmern bizarre Berge
wie eine Felsmonstranz.

Tiefrote Ingwerblüten,
Hibiskus wuchern wild.
Die Tropenblumen drängen
sich sinnenfroh ins Bild.

Das Meer betört mit Farben.
Zartgrün, türkis, tiefblau.
Die Wellen tragen Kronen.
Schönheit, wohin ich schau'.

Lichter tanzen im Wasser,
dringen bis auf den Grund.
Und überall sind Fische,
fremdartig, leuchtend bunt.

In der Lagune träumen
Motus still vor sich hin.
Robinson Crusoe kommt mir
ganz plötzlich in den Sinn.

Wolken formen Figuren
am hohen Himmelszelt.
Ich bin unendlich dankbar!
Wie schön ist doch die Welt!

Und ich steh' da, geh' in mich,
geb' mich dem Wunder hin,
öffne weit meine Seele
und freu' mich, daß ich bin.

# Die Sonne schläft im Meer

Der Abend greift zum Pinsel
und malt den Himmel an.
Dem Zauber seiner Stimmung
ich nicht entrinnen kann.

Zart tuscht er Pastellfarben
in's schemenhafte Licht.
Schattiert mit grauen Tönen
eindrucksvoll sein Gesicht.

Hier ein paar Tupfer rosa,
dort gold'ne, violette.
Er spart nicht mit orange.
Reich ist seine Palette.

Wie Scherenschnitte stehen
die Palmen als Kulisse.
Es ist, als ob der Himmel
sogleich verbrennen müsse.

Und rot glühen die Wellen.
Sie sind es schon gewohnt.
Der Feuerball der Sonne
steht tief am Horizont.

Allmählich, immer schneller
im Purpur sie ertrinkt.
Mit ihr die Farbensymphonie
langsam im Meer versinkt.

Am Himmel schließt der bleiche Mond
das Sternenkleid der Nacht.
Er hat die Sonne abgelöst.
Die Dunkelheit erwacht.

Leis' fang' ich an zu singen.
Ich bin voll Dankbarkeit.
Da zupft mich ganz energisch
ein Kind an meinem Kleid.

Der Finger liegt am Munde,
ernst und bedeutungsschwer:
„Jetzt müssen wir ganz still sein!
Die Sonne schläft im Meer!"

Teil II


**Liebe zur Natur**

# In der Elbtalaue

Gemächlich fließt der Strom
durch weites, grünes Land.
Schilf raschelt an den Ufern.
Hell schimmert weißer Sand.

Die Elbtalaue zeigt uns
ihr friedliches Gesicht.
Wolken zaubern Nuancen.
Schatten wechseln mit Licht.

Hoch oben kreist der Milan.
In Wellen wogt das Korn.
Die Gräser zittern silbrig.
Am Deich leuchtet der Mohn.

Und zarte Blüten nicken
im Wiesenblumenmeer.
Der Wind kräuselt das Wasser.
Ein Reiher stelzt daher.

In tiefer Freude schau'n wir
der Storchenmutter zu,
die ihre Jungen füttert.
Sie geben keine Ruh'.

Lerchen fliegen empor.
Wildgänse schrei'n. Wir lauschen.
In Tümpeln schnattern Enten.
Ein Frosch quakt. Blätter rauschen.

Knorrige Eichen sprechen
von längst vergang'ner Zeit.
Heuduft steigt in die Nase.
Der Alltag ist so weit.

Einladend steht es vor uns.
Ich mag dies' alte Haus.
Gern lassen wir uns nieder.
Ein schöner Tag klingt aus!

## Wie lange noch...?

Heidekraut und Bienensummen.
Sonnenschein und Sand.
Wächter aus Wacholder hüten
rosarotes Land.

Lerchen steigen jubelnd auf,
schrauben sich empor.
Birken tragen weiße Rinde
unter'm Blättchenflor.

Schäferhunde suchen Schafe,
ob auch keines fehlt.
Imker schmauchen ihre Pfeifen.
Noch ist heil die Welt.

Heidelandschaft. Süßer Friede
macht das Herz so weit.
Stille, die uns wohltut
in einer lauten Zeit...

# Frühling

Ich sitze unter einer Buche,
die nah am Rand des Ackers steht.
Der Duft der frischgebroch'nen Krume
würzig zu mir herüberweht.

Sonnenschein kitzelt meine Nase.
Die Krone über mir schlägt aus.
Die Knospen sind schon aufgesprungen.
Zartgrüne Blättchen schau'n heraus.

Ich atme auf! Mir ist, als sei ich
von einer schweren Last befreit.
Ein Glücksgefühl hat mich ergriffen,
öffnet mein Herz dem Frühling weit!

# Der Löwenzahn

Seht ihr ihn, dort, den Löwenzahn?
Schaut ihn doch einmal näher an.

Für mich er niemals Unkraut ist.
Wenn ihn die Sonne liebreich küßt,
streckt er entgegen ihr voll Wonne
die eig'ne kleine gelbe Sonne.
Und kommen Wolken, macht er im Nu
die holden Augen wieder zu,
die bilden seine Blüte zart.
Er ist so schön, auf seine Art.

Trägt die Erde ihr Frühlingskleid,
sieht man ihn blühen weit und breit
in Parks, an Bächen und auf Wiesen.
Alljährlich landet er auf diesen
am Fallschirm und im freien Fall.
Sein Same dringt ein überall.

Und Millionen Blumensonnen
vollenden, was der Sam' begonnen.
Sie ziehen eine gold'ne Spur
durch die aufleuchtende Natur.

Schaut ihn doch, bitte, richtig an,
diesen kleinen Löwenzahn.

## Im Weißdorn

Gezwitscher. Atemlos und schrill
dringt's durch die Stille. Es ist Mai.
Knistern. Ein rascher Flügelschlag.
Jähes Verstummen. Aus. Vorbei.

Schon wieder helle Aufregung.
Hat sich nicht dort etwas bewegt
im Weißdorn, der ausladend prächtig
in Blüte an der Mauer steht?

Vorsichtig biege ich die Zweige.
In's Geäst eingefügt, versteckt
liegt traulich eine Kinderstube.
Ich hab' ein Vogelnest entdeckt.

Die kleinen Architekten haben
es kunstvoll fein geflochten und
gut ausgepolstert für den Nachwuchs.
Der tut jetzt seine Wünsche kund.

Ich blicke in drei Schnäbelchen,
die fordernd weit geöffnet sind.
Wie hilflos, wie unsäglich rührend
ist solch' ein winz'ges Vogelkind.

Sie sind fast nackt, noch ohne Federn,
gehüllt in grauen, weichen Flaum.
Wären da nicht die gelben Schnäbel,
sah' ich die zarten Wesen kaum.

Die Vogelmutter sucht verzweifelt,
mich abzulenken von der Brut.
In ihrer Sorge um die Jungen
beweist sie wahren Heldenmut.

Ich gehe, will sie nicht mehr stören.
Froh und erleichtert klingt ihr Lied,
das ich von nun an werde hören,
so lange unser Weißdorn blüht.

## Viola tricolor

Nie gehe ich an Dir vorbei,
ohne Dich anzuseh'n.
Betörend ist Dein zarter Duft.
Ich bleibe immer steh'n.

In satten Farben leuchtet
Dein kleines Samtgesicht.
Es neigt sich hold entgegen
dem hellen Sonnenlicht.

Als wunderschöner Bote,
Stiefmütterchen genannt,
trägst Du auf bunten Blüten
den Frühling in das Land.

## Ein Sommertag

Die Hitze flirrt. Das Korn wogt,
bewegt vom matten Wind.
Der Mohn errötet. Grillen zirpen.
Träge die Zeit verrinnt.

Die Bienen summen. Unermüdlich
sammeln sie Blütenhonig ein.
Ein Specht klopft. Wilde Kräuter duften.
Der Bach murmelt. Ich bin allein.

Die Sonne sticht. Ich lieg' im Schatten.
Nichts meine Ruhe hier vergällt.
An einem Nachmittag wie diesem
vergesse ich den Rest der Welt.

Über der Landschaft liegt ein Frieden,
der auch mein Herz zutiefst erfüllt.
Es ist, als spiegelte sich wider
in mir dies' sommerliche Bild.

## Die Libelle

Die Natur raunt. Leise erklingt
die Melodie der Stille.
Friedliche Abgeschiedenheit.
Nichts stört diese Idylle.

Ein Mückenschwarm. Rascheln im Schilf.
Verborgen ruht der Teich.
Sonnenschein kost die Lilien
im Wasser, Schwertern gleich.

Eine Libelle schwirrt umher,
bleibt in der Luft fast steh'n.
Im Lichte glänzt der schmale Leib,
zartblau und wunderschön.

Dicht an der Wasserfläche schnappt
ein Feind nach dem Insekt.
Rechtzeitig merkt es die Gefahr.
Der Frosch quakt und taucht weg.

Anmutig tanzt das Tier dahin.
Im dunklen, klaren Spiegel
unter ihm leuchtet silbrig auf
das Perlmutt seiner Flügel.

## Das Reh

Beglückt seh' ich das kleine Reh,
ein Tierlein, zart wie Filigran.
Zufällig hab' ich es entdeckt.
Es wirkt so hilflos, rührt mich an.

Rotbraunes Fell mit weißen Flecken.
Die Augen feucht und riesengroß.
Das Kitz schmiegt sich in eine Furche,
vor Angst erstarrt, bewegungslos.

In dieser Starre liegt sein Schutz,
der einz'ge, den das Rehlein hat.
Es duckt sich, um sich so zu tarnen,
verschmilzt mit seiner Liegestatt.

Ich möchte' es anfassen, berühren.
Doch täte ich das, es wär' verloren.
Die Ricke nähm' es nie mehr an.
Das Kitz ist gerade erst geboren.

Ich unterdrück' den heft'gen Wunsch.
Schau es nur an, halt' mich zurück.
So helf' ich ihm. Vergesse nie
die Dankbarkeit in seinem Blick.

# Der Garten

Verwunschen wirkt der alte Garten.
Die Zeit scheint hier fast stillzusteh'n.
Ich liege auf dem Samt des Rasens
und möchte niemals fort mehr geh'n.

Der mächt'ge schöne Apfelbaum
wirft seinen Schatten sanft auf mich.
Ich bin gefangen wie im Traum.
Zwei Früchte lösen sachte sich.

Die schmalen Wege sind geharkt,
die Beete liebevoll gepflegt.
Am Zaune nicken bunte Blumen,
die Blüten leis' der Wind bewegt.

Großvater sitzet tiefgebeugt
auf einer Bank, ganz nah dem Haus.
Gefaltet sind die schweren Hände.
Er ruht von seiner Arbeit aus.

Die Blätter rascheln. Es wird Herbst.
Mit Riesenschritten ist er da.
Melancholie ergreift die Seele.
Warum nur geht mir dies' so nah?

# Herbst

Und wieder einmal ist es Herbst.
Die Wälder glüh'n in bunter Pracht.
Das Land liegt wie im Farbenrausch.
Es ist, als ob die Natur lacht,
bevor sie sich zur Ruhe legt.
Ein Lachen, das mein Herz bewegt.

Der Himmel zeigt sein tiefstes Blau.
Die Luft ist köstlich, die Sicht ist klar.
Die Kinder lassen Drachen steigen.
Alles ist fern und doch so nah.

Zartgrün schon schimmert auf den Feldern
der erste Hauch der Wintersaat.
Die Krähen krächzen in den Wipfeln
und halten miteinander Rat.

Waldhörner blasen Halali.
Noch einmal leuchtet alles auf.
Blutrot glänzen die Ahornbäume.
Die Natur hört zu atmen auf.

Zugvögel fliegen in den Süden.
Stürme zerzausen das Gewand
des großen Malers. Unbarmherzig
brechen sie seinen Widerstand.
Der Herbst legt ab sein schönes Kleid
und ist zum Abschied nun bereit.

Bin ich es auch? Ich lausch' nach innen.
Gefallen sind die Blätter schon.
Mir ist, als spränge eine Saite.
Ich höre den zerriss'nen Ton...

# Begegnung

Der Hengst ist schwarz wie Ebenholz,
die Haltung seines Körpers stolz.
Fell, Mähne, Schweif schimmern wie Seide.
Prüfend betrachten wir uns beide.

Dieses Geschöpf vor mir ist schön.
Die Augen sprechen. Sie erfleh'n
ein Stückchen Zucker, ein liebes Wort.
Wie festgewurzelt steh' ich dort.

Der edle Kopf senkt langsam sich.
Sein Atem streichelt schnaubend mich.
Ein leises Wiehern. Warm und sanft
legt sich das Maul in meine Hand.

Wie kann erklär'n ich die Empfindung,
die mich ergreift? Eng ist die Bindung
zu diesem wundervollen Tier!
Sehnsucht und Wehmut sind in mir.

Meine Gedanken wandern weit
in eine längst vergang'ne Zeit.
Ich fühle: Dieser Augenblick
bringt in die Kindheit mich zurück!

# Der Regenbogen

Ich gehe durch den Regen,
mit der Natur allein.
Stemm' mich dem Wind entgegen,
der mich belebt wie Wein.

Die Wolken hängen tief.
Voll Würze ist die Luft.
Der Regen wäscht das Land.
Die Erde verströmt Duft.

Das Grün wird intensiver.
Ich fühle mich wie neu
und atme kräftig durch.
Mein Kopf ist leicht und frei.

Der Himmel öffnet sich,
trennt blau der Wolken Lauf.
Ich bleibe steh'n und staune.
Die Schleier reißen auf.

Und plötzlich hat dort oben
ein Wunder sich vollzogen.
Die Landschaft überspannt
ein bunter Regenbogen.

Verbindet Horizonte,
so weit das Auge reicht.
In allen Farben schillernd.
Nichts diesem Schauspiel gleicht.

Leuchtende Himmelsbrücke,
die man nicht fassen kann,
wie eine Illusion,
ein schimmernd schöner Wahn.

Die Sonne sendet Bündel.
In ihrem Strahlenglanz
verglimmt der Regenbogen,
erblaßt, verschwindet ganz.

Ich komme wieder zu mir.
Denk' nach beim Weitergeh'n.
Die Welt ist voller Wunder.
Heut' konnt' ich eines seh'n!

# Das Schneeglöckchen

Es ist sehr kalt. Eisiger Wind
fegt durch die engen Gassen.
Ich eile durch die Stadt geschwind.
Sie wirkt leer und verlassen.

Sehr traurig geh' ich in den Park.
Die Bäume stehen kahl.
Schneeflocken torkeln lautlos, sacht
vom Himmel, blaß und fahl.

Und da entdeck' ich's: Winzig klein
steht es im tiefen Schnee.
Wie hingetupft, ein Blümchen fein,
hauchzart und doch so zäh!

Die grünen Händchen recken sich
empor mit aller Kraft.
Das Blütenglöcklein zittert leis'
auf seinem schmalen Schaft.

Mit einem Mal verändert sich
für mich die trübe Welt.
Die Sonn' lugt durch ein Wolkentor.
Mit ihrem Glanz erhellt
sie Mutter Erde. Diese lacht
in strahlend weißem Kleid.
Wie Diamanten schimmern die
Kristalle weit und breit.

Wie konnt' ich blind sein nur so lang?
Es läßt mir keine Ruh'.
Ein Wunder, das mich sehend macht,
mein Schneeglöckchen, bist Du!

# Im Hochgebirge

Aus zarten Wolkenfetzen ragen
Felsnasen schroff zu mir herauf.
Der Blick hinab läßt mich erschauern.
Abgründe, Schluchten tun sich auf.

Tief unter mir liegen die Almen,
Geröllhalden, zerfurchter Wald.
Ein heller Jodler weckt sein Echo,
das von den Felsen widerhallt.

Geheimnisvoller Kranz der Gipfel.
Bizarre, wilde Majestät!
Die Täler ziehen dunkle Furchen.
Das Kreuz jetzt ganz nah vor mir steht.

Granitmassive schimmern golden
im herbstlich warmen Sonnenlicht.
Grandios und unbeschreiblich schön
zeigen die Berge ihr Gesicht.

Der Schrei der Dohlen erklingt heiser.
Schwarz glänzt zerzaustes Federkleid.
Hier ist die Luft so rein und köstlich.
Die Gletscher hauchen Ewigkeit!

Steinerne Finger zeigen aufwärts.
Ein kühler Bergwind singt sein Lied.
Ich könnt' die ganze Welt umarmen!
Glück senkt sich tief in mein Gemüt...

# Teil III

## Empfindungen

## Der Mann im Mond

Das Mondlicht findet seinen Weg,
rahmt mich fürsorglich ein.
Es ist da, und es tröstet mich.
Ich bin nicht mehr allein.

Als Kind hat meine Mutter mir
sehr oft von ihm erzählt.
Sie führte mich ins Märchenland,
eine verträumte Welt.

Sie zeigte mir den „Mann im Mond"
und sah mit mir hinauf.
Sie stieß für mich, behutsam, sanft
das Tor zum Himmel auf.

Die Phantasie trug mich empor,
denn er war immer da.
Der „Mann im Mond" beschützte mich,
ganz gleich, was mir geschah.

Später, ich war inzwischen groß,
ging meine Mutter fort.
Nun war sie nicht mehr da für mich,
an einem and'ren Ort...

Noch heute, bleicher Erdtrabant,
der hoch am Himmel thront,
schau ich hinauf, werd' wieder Kind,
und grüß' den „Mann im Mond".

# Freundschaft

Du hast kleine Fehler.
Doch wer hat die nicht.
Ich liebe Dein Lachen.
Ich mag Dein Gesicht.

Ich mag Deine Art,
mag die Harmonie,
die Du stets ausstrahlst.
Es ist Sympathie.

Im Denken und Handeln
zeigst Du viel Verstand.
Bist nie oberflächlich.
Ich hab' Dich erkannt.

Dir kann man vertrauen.
Du machst keine Schau.
Man kann auf Dich bauen.
Ich weiß es genau!

Ich bin Deine Freundin.
Ich bin da für Dich,
wenn's Dir einmal schlecht geht.
Verlaß' Dich auf mich!

# Verliebt

Wie ein schöner Traum
kam zu mir die Liebe.
Unbeschreiblich ist,
was mit mir gescheh'n.
Erst als ich Dich sah,
fing ich an zu leben.
Vorher war ich blind.
Durch Dich kann ich seh'n.

Ich lieb' Dich, wie Du bist.
Du liebst mich, wie ich bin.
Du gibst mir Zärtlichkeit,
meinem Leben Sinn.
Das Glück der Zweisamkeit,
Schutz und Geborgenheit.
In Deinem Herzen bin
ich die Königin.

Bist Du nicht bei mir,
hab' ich große Sehnsucht.
Ich fühl mich allein.
Alles ist so leer.
Doch bist Du mir nah,
ist in mir nur Liebe.
Alles fällt mir leicht.

Ich möchte nichts mehr,
als nur bei Dir zu sein,
Dir in die Augen seh'n,
Berührung Deiner Hand,
Güte und Versteh'n.

Ich möchte nur mit Dir
durch's Leben geh'n!

# Eifersucht

Mit den Waffen einer Frau
wurde schon so mancher Mann verführt.
Laß' es bitte nicht gescheh'n,
daß Dir so etwas passiert.

Suchst Du eine Liebelei?
Willst Du flirten? Tu es doch mit mir!
Liebe ist das schönste Spiel,
trägt man sie in sich, wie wir.

Ich will Dich für mich allein,
weil Du meine einz'ge Liebe bist,
und mein Herz bricht schon entzwei,
wenn Du eine and're küßt.

Liebling, gib mir doch Dein Wort
und versprich, mir immer treu zu sein!
Wische meine Zweifel fort.
Liebe mich, nur mich allein!

Wenn die Wut in mir aufsteigt,
wenn ich rasend bin vor Eifersucht,
bin ich hinterher verzagt
und vor mir fast auf der Flucht.

Bitte, lach' mich jetzt nicht aus.
Schlag' Dir andere Frauen aus dem Sinn,
denn Du weißt doch so genau,
daß ich eifersüchtig bin!

# Ein Stück von Dir

Du bist ein Flügel meiner Phantasie.
Du bist die Melodie, zu der mein Lied erklingt.
Du füllst mit Hoffnung meine Seele aus.
Du bist die Freude, die mein Herz beschwingt.
Du bist die Kruste, die mein Brot umgibt,
das Salz der Tränen, die ich wein',
das stärkende Aroma meines Tees.
Du sollst die Blume meines Weines sein.
Du sollst der Boden sein, auf dem ich steh',
das Risiko, das ich riskier'.
Du bist die Luft, die ich zum Atmen brauch',
die Antwort auf die Frage WIR.

Ich bin Dein Schatten, wenn die Sonne scheint.
Die Kühlung bring' ich Dir als Wind.
Ich leucht' in Deinen Augen, wenn Du glücklich bist.
In meinem Schoß bist Du mein Kind.
Ich möchte' gern alles von Dir für Dich sein,
der Leitspruch, den Du Dir gestellt,
die Liebe, die in Deinem Herzen wohnt.
Du bist für mich die ganze Welt!

# Glück

Du hast das Glück nicht gepachtet.
Es ist nicht für immer Dein.
Du fühlst es. Dann ist es vorüber.
Gedanken, sie bleiben Dein.

Das Glück ist nicht treu, d'rum erkenn' es,
wenn es zu Gast ist bei Dir.
Öffne Dein Herz und die Sinne.
Es bleibt nicht bei Dir, glaube mir.

Wenn Du das Glück hast gefunden,
halt' es, so lang' es geht, fest.
Trinke den Becher der Freude.
Nimm alles. Nimm auch den Rest.

Der Rest, das ist große Sehnsucht
nach etwas, das nie mehr wird sein.
Liebe und Wehmut im Herzen
verlassen Dich nie. Sie sind Dein.

# Heimweh

Heimweh, vertrauter Gast,
der immer bei mir ist.
Mein Herz gehört der Heimat,
die hoch im Norden ist.

Ich liebe ihre Küsten,
das flache, grüne Land,
die Deiche, die es schützen,
den feinen Dünensand,
die Klippen und die Inseln
im endlos weiten Meer,
den Wechsel der Gezeiten,
die Stille ringsumher,
die fernen Horizonte,
das hohe Himmelszelt,
den Wind, der ewig singt
und mir sein Lied erzählt.

Die Äcker, Wiesen, Felder,
wo ich gespielt als Kind,
die lichten Buchenwälder
Erinnerungen sind...

Jetzt leb' ich in der Fremde
und halt' es nicht mehr aus.
Zu stark ist meine Sehnsucht.
Ich möcht' zurück nach Haus!

# Am Watt

Das Meer zog sich sehr weit zurück,
liegt fern am Horizont.
Priele durchziehen feuchten Schlick.
Am Himmel steht der Mond.

Die Lichter geistern über's Watt.
In ihrem blassen Schein
ruht sich die stille Landschaft aus.
Die Stimmung fängt mich ein.

Der frische Seewind fächelt mir
Kühlung, Entspannung zu,
und meine Seele dehnt sich aus,
findet hier inn're Ruh.

Die Nacht schmückt sich mit Sternenglanz.
Sie weckt Melancholie.
Reglos schau ich aufs Wattenmeer.
Es atmet Poesie...

# Die wahre Schönheit

Herrlich ist es, jung zu sein,
denn als Selbstverständlichkeit
liegt vor uns ein langes Leben.
Keiner achtet auf die Zeit.

Jugend ist, gepaart mit Schönheit,
ein sehr wertvolles Geschenk,
das uns viel zu rasch entgleitet.
Dessen sei stets eingedenk.

Herrlich ist es, schön zu sein.
Wenn die Jahre dahinschwinden
schütt'le ab die Eitelkeit.
Du mußt bess're Werte finden.

Wahre Schönheit kommt von innen.
Makellosigkeit verblaßt
neben liebevoller Wärme,
die des Menschen Herz erfaßt.

Mein Gesicht, das ist mein Leben.
Und ich werde dazu steh'n.
Stören Dich die zarten Linien?
Wer mich liebt, wird sie gern seh'n.

Liebe geben, Liebe nehmen
machen Glücklichsein erst aus.
Wenn man liebt, ist man voll Schönheit,
denn das Glück strahlet heraus.

Schau' um Dich. Sieh' doch das Schöne,
das Dich Tag für Tag umgibt.
Zeig' der Welt ein frohes Lachen,
und Du wirst von ihr geliebt.

## Spätes Glück

Der Winter hat begonnen.
Schnee bedeckt unser Haar.
Trotzdem wurde es Liebe.
Wir sind ein Liebespaar.

Wir lieben uns so zärtlich.
Ab jetzt sind wir zu Zweit.
Das Glück kam unerwartet.
In uns ist Dankbarkeit.

Der Zufall stellte Weichen.
Die Jahre zählen nicht.
Wir sind alt, und wir lieben.
Wir üben nicht Verzicht.

All' jene, die da lächeln,
die unbarmherzig blind
von uns'rem Alter sprechen,
folgen uns nach geschwind.

Töricht, herzlos sind Menschen,
die sich deshalb mokieren.
Als könnte man im Alter
nicht auch sein Herz verlieren.

Ausgleich! Gerechtigkeit!
Das Alter macht nicht halt,
trifft auch den kühlen Spötter.
Wir werden alle alt!

Das Schicksal ist uns gnädig,
gibt uns ein spätes Glück.
Kostbar ist jede Stunde,
ist jeder Augenblick!

## Jahreszeiten des Lebens

Du stehst im Spätsommer des Lebens.
Die Jugend ist verblaßt – vorbei.
In Deinem Herzen keimt die Wehmut.
Ach, gestern erst war doch noch Mai...

Jugendzeit, niemals kehrst Du wieder.
Anfang des Lebens, Du warst schön.
Der erste Kuß! Die erste Liebe!
Jahre, die scheinbar nie vergeh'n.

Doch dann, mit einem Mal, bemerkst Du's!
Die Zeit läuft nicht, sie rast dahin.
Nutze den Frühling Deines Lebens.
Gib Deinem Dasein einen Sinn.

Siehst Du im Spiegel erste Fältchen,
erkennst Du, daß nichts endlos währt.
Freu' Dich am Sommer Deines Lebens,
denn auch er niemals wiederkehrt.

Er hüllt Dich ein in Licht und Wärme.
Erkennen füllt tief Dein Gemüt.
Plötzlich siehst Du die kleinen Dinge.
Die Sonne steht schon am Zenit.

Dann tritt ein in den Herbst des Lebens.
Genieß' ihn, eh' auch er vorbei!
Die Blume welkt, aber sie duftet
so süß, so stark wie einst im Mai...

# Rampenlicht

Plötzlich steht sie im Rampenlicht,
fast unscheinbar, die Kleidung schlicht.
Musik! So einsam und allein
kann man nur auf der Bühne sein.

Die Frau singt. Unten wird es stumm.
Ergriffen lauscht das Publikum.
Und jedem wird von Herzen klar:
Dort oben steht ein großer Star.

Die Stimme füllt müh'los den Saal,
fast heiser, tief und guttural.
Mit süßem Wohlklang zündet die
sentimentale Melodie.

Ich habe sie, denkt sie entzückt,
und dies' Gefühl ihr Herz beglückt,
das sie nun legt in den Gesang.
Der Beifall prasselt endlos lang.

Ihr Lachen leuchtet. Immer wieder
verbeugt sie sich. Das Lampenfieber,
die Aufregung sind längst vergessen,
und nur ein Künstler kann ermessen
dies' Glücksgefühl, das sie fast sprengt,
das alles andere verdrängt.

Die Tränen rinnen, und durch sie
erringt sie noch mehr Sympathie.
Obwohl sie alt ist, wirkt sie jung.
Bald bleibt ihr nur Erinnerung...

# Der Transvestit

In der Garderobe sitzt ein Mann.
Starrt in den Spiegel, schaut sich an
mit Augen, leer und ausdruckslos.
Die Last auf seiner Seel' ist groß.
Resignation erfaßt ihn ganz.
Erloschen ist der inn're Glanz.

Gerade eben – bei der Show –
da war er noch von Herzen froh.
Denn als er auf der Bühne stand,
konnte er sein, wie er empfand.

Als wunderschöne Sängerin
riß er zu Beifallsstürmen hin
die Herren, alle, im Parkett.
Gekonnt, verführerisch, kokett.
Selig genoß er den Applaus.
Vorhang.
Der Traum war zu schnell aus.

Es schnürt ihm zu die Kehle rauh.
Er denkt und fühlt wie eine Frau.
Er haßt sich selbst, verkleidet sich.
Den Mann abschütteln kann er nicht.

Dabei ist er ein Mensch, der gibt,
der auch von ganzer Seele liebt,
der Herz hat, das er gern verschenkt
an jemanden, der wie er denkt.

Er braucht viel Mut, zu sich zu steh'n,
von Illusionen abzugeh'n.
Das Schicksal ist grausam mit ihm.
Er kann's nicht ändern, nimmt es hin.

Das höchste Glück ihm nur bereiten
die Bretter, die die Welt bedeuten.
Dann sind die Augen voll Entzücken.
Man kann ihm in die Seele blicken.

Mit Inbrunst singt er seine Lieder,
betört die Menschen immer wieder.
Er gibt sich ganz, reißt alle mit –
der Transvestit!

# Der goldene Schuß

Verwahrlost, ausgemergelt, so
vegetiert sie dahin.
Sie ist bereit, alles zu tun
für ein Gramm Heroin.

Ihr Körper ist verkrampft. Sie ist
allein in ihrer Not.
Die Freunde ließen sie im Stich.
Bleich ist sie wie der Tod.

„Ich kann nicht mehr!" Ihr ganzes Ich
schreit lautlos auf vor Qual.
Die Reue kam zu spät. Sie bäumt
sich auf, hat keine Wahl.

Ihr junges Leben ist verpfuscht.
Für sie gibt's kein Zurück.
Haarsträhnen hängen glanzlos. Stumpf
und apathisch ist ihr Blick.

Mit Zwölf war sie noch Schülerin,
im Elternhaus geborgen.
Sie riß aus, suchte Freiheit und
was sie fand, waren Sorgen.

Sie trieb sich 'rum, verliebte sich,
geriet in falsche Hände.
Begann zu kiffen – dann der Strich.
Nun ist alles zu Ende.

Die Hände zittern. Hastig zieh'n
sie jetzt die Spritze auf.
Das junge Ding am Bahnhof Zoo
kann nicht mehr – Es gibt auf!

Die Nadel dringt tief in die Haut,
macht mit dem Elend Schluß.
Die Überdosis wirkt sehr schnell.
Es ist DER GOLD'NE SCHUß!

## Einsamkeit

Die Wanduhr tickt. Im Lehnstuhl sitzt
der Greis bewegungslos.
Er ist ein wenig eingenickt,
vergißt im Traum sein Los.

Durch's offne Fenster weht herein
der milde Frühlingswind.
Weit bauscht sich die Gardine auf.
Der Mann schläft wie ein Kind.

Der Ruf der Amsel weckt ihn,
bringt ihm die Wirklichkeit.
Und es erwacht die Sehnsucht
nach der Vergangenheit.

Der Kummer nagt und malt ihm
Runen tief in's Gesicht.
Wie suchend blickt er um sich.
Sein Dasein heißt Verzicht
auf alle, die er liebte. Die große Einsamkeit
erdrückt ihn, denn sein Herz liegt
schon brach seit langer Zeit.

Alleinsein macht ihn wehrlos.
Er haßt sein altes Ich,
und der Gedanke quält ihn:
„Jetzt gibt es nur noch mich!"
Ist dieses Erdenleben
wirklich noch lebenswert?
Die Glocke schrillt.
Er fährt auf.
In ihm sich alles wehrt.
Die Menschen sind ihm lästig.
Jetzt will er sie nicht mehr.
Der Rücken schmerzt. Er steht auf.
Das Gehen fällt ihm schwer.
„Mein Gott! Ich bin so müde.
Ich fühle mich steinalt."
Mühsam schlurft er zur Türe,
öffnet sie einen Spalt.

Der kleine Junge lächelt
vertrauensvoll ihn an.
„Was willst Du?" schnarrt der Alte.
„Ich es nicht leiden kann,
wenn Störenfriede läuten,
gerade so wie Du!
Du hast mich aufgeschreckt
aus meiner Mittagsruh'!"

Durch einen Tränenschleier
blickt zu ihm auf das Kind.
„Ich wollt' Dir dieses bringen!"
Und drückt ihm dann geschwind
den Frühling in die Arme.
Der Wiesenblumenstrauß
leuchtet in bunten Farben
und treibt das Leid hinaus.

„Ich dachte nur..., ich hatte
Dich lang' nicht mehr geseh'n..."
stottert das Kind. Es zittert,
wendet sich ab, will geh'n.

Zersprungen ist die Schale,
befreit das arme Herz.
Voll Güte sind die Augen,
vergessen aller Schmerz.

„Bleib' doch", stammelt der Alte.
Die Stimme klingt belegt.
„Du hast mit Deinen Blumen
so viel in mir bewegt!"
Er hatte es vergessen.
Er zieht das Kind an sich:
„Jetzt bin ich nicht mehr einsam.
Ich habe ja noch Dich!"

# Menschlichkeit

Gleichgültigkeit zeigen wir jenen,
die auf der Schattenseite steh'n,
nur allzu oft. Gedankenlos
werden die Ärmsten überseh'n.

Menschen, denen das Leid vertraut ist.
Menschen, denen die Einsamkeit
ein allzu treuer Kamerad ist,
die nichts haben, das sie freut.

Es wäre alles etwas leichter,
gäb' jeder nur ein kleines Stück
von sich selbst. Tiefe Zufriedenheit
kehrt dann in's eigene Herz zurück.

Vergeßt nicht ganz die Menschlichkeit.
Zeigt Nächstenliebe, zeigt Erbarmen.
Man kann das Elend dieser Welt
nur lindern, wenn man hilft den Armen!

# Vergißmeinnicht

Ein Mensch, den ich so liebte,
mußte für immer geh'n.
Ich war ein Kind und konnte
es einfach nicht versteh'n.

Lang' ist es her. Die Kindheit
liegt schon so weit zurück.
Was ist denn schon das Leben?
Ein kurzer Augenblick!

Oft hab' ich hier gesessen
und mich an Dir gefreut.
Du weckst Erinnerungen
an längst vergang'ne Zeit.

In unserem Garten säumtest Du
die Beete himmelblau.
Wie könnt' ich es vergessen?
Ich weiß es noch genau,
wie ich einst vor Dir stand
an jenem frühen Morgen.
Das Herz war mir so schwer
vor Kummer und vor Sorgen.

In Deinen gelben Augen
glänzte der klare Tau.
Ich nahm es als ein Zeichen.
Ich weiß es noch genau.

Ich grub Dich aus und pflanzte
bei ihm Dich wieder ein,
als Zeichen meiner Liebe.
So war er nicht allein.

Du lächelst, wenn der Frühling
die Knospen zart aufbricht.
Ich werd' ihn nie vergessen –
kleines Vergißmeinnicht!

# Endgültigkeit

Sie hoffte, wünschte bis zuletzt,
er möge bei ihr bleiben.
Sie opferte sich auf für ihn.
Wollte den Tod vertreiben.

Umsonst! Ein liebes, edles Herz
hat aufgehört zu schlagen.
Die Uhr des Lebens ist verstummt,
und sie muß es ertragen...

Endgültigkeit! Es darf nicht sein,
daß es ihn nicht mehr gibt.
Tief ist der Schmerz. Sie hatten doch
so innig sich geliebt.

Sie fühlt sich grenzenlos allein.
Sie will's nicht akzeptieren.
Vergeblich ist der inn're Kampf.
Sie muß ihn doch verlieren.

Man kann nicht handeln mit dem Tod.
Mit ihm gibt's kein Geschäft.
Die Lebensfreude ist dahin.
Sie lebt nur, wenn sie schläft...

# Traurigkeit

Einmal nur noch möcht' ich Euch seh'n,
Euch in die Augen blicken,
Euch in die Arme nehmen und
liebreich an mein Herz drücken.

Selbstlos und gütig wart Ihr stets
uns Kindern gegenüber.
Ihr dachtet an Euch selbst zuletzt.
Das alles ist vorüber.

Ein Stück von mir ging mit Euch fort,
ist bei Euch alle Zeit.
Nichts wird mehr sein, wie es einst war.
Ihr seid von mir so weit.

Ihr Lieben, ich vermisse Euch!
Die Seele ist voll Sehnen.
Ob Ihr wohl dort, wo Ihr jetzt seid,
könnt sehen meine Tränen...

## Bonjour Tristesse

Bonjour Tristesse! Die Philosophie des Lebens
läßt uns nie ohne Traurigkeit sein.
Sie ist der Wermut im Becher der Freude.
Sie liegt in den Tränen, die wir oft geweint.

Bonjour Tristesse! Wir sind da, und wir leben.
Guten Tag, Traurigkeit, treuester Feind.
Du bist untrennbar von unserem Leben.
Du bist ein Teil unseres Schicksals, Traurigkeit.

Ein wenig Tristesse begleitet uns immer,
auch wenn wir überglücklich sind.
Tränen des Glücks vergießt eine Mutter,
wenn sie zum ersten Mal sieht ihr Kind.

Tränen der Rührung weint eine Braut
neben dem Liebsten am Traualtar.
Tränen der Liebe sind Perlen der Freude.
Ein wenig Traurigkeit ist immer da.

Später werden die Tränen schwerer.
Tränen des Abschieds, Tränen voll Schmerz.
Wenn wir uns trennen müssen von jenen,
die wir sehr lieben, zerreißt unser Herz.

Traurigkeit, wenn man uns nimmt jede Hoffnung.
Traurigkeit, wenn man nicht helfen kann.
Traurigkeit, wenn uns die Hände gebunden,
Unrecht nicht rückgängig gemacht werden kann.

Tränen der Wut, des Zorns, der Verzweiflung
machen die Traurigkeit zu größter Pein.
Dann liegt sie als Zentnerlast auf uns'rer Seele,
macht uns'ren Lebensmut so winzig klein.

Das Schicksal mißt uns die Menge zu.
Gleicherlei Maß gibt's für uns nicht.
Ein wenig Traurigkeit kann man ertragen,
zuviel davon, und der Mensch zerbricht.

Bonjour Tristesse in unserem Leben.
Du bist da, wenn wir geboren sind.
Begleitest uns unser ganzes Leben.
Stirbst erst, wenn wir gegangen sind!

# Der Wandspiegel

Schon Generationen
schauten in mich hinein.
Mein Rahmen ist antik,
sehr kostbar mein Design.

Ich bin ein alter Spiegel,
häng' an bemalter Wand
und spiegele Gefühle,
die ich stets mitempfand.

Hätte ich eine Sprache,
könnte ich viel berichten,
denn menschliche Gesichter
erzählen mir Geschichten.

Ich sehe heut' noch vor mir
das kleine Mädchen steh'n,
die runden Bäckchen glühen.
Die blauen Augen seh'n

in meinen Schnörkelrahmen,
direkt in mich hinein.
Spiegel der Kinderseele,
unschuldig und so rein.

Anlaß zu dieser Freude
ist wohl das feine Kleid
mit Schleifchen, Rüschen, Borten,
dem Röckchen, glockig, weit.

Der Teenie vor mir ist blutjung,
dazu noch sehr verliebt.
Ein Hüne tritt nun neben sie,
fürwahr, ein heißer Typ!

Gemeinsam schauen sie in mich,
lachen mir glücklich zu.
Ein Kamm fährt durch fuchsrotes Haar.
Ein Herz ist ihr Tattoo.

Die junge Mutter lächelt
ihr Glück in mich hinein.
Sie ordnet ihre Locken
und – sie ist nicht allein.

Sie hebt ihr Kind empor,
zeigt ihm sein Spiegelbild.
Das Baby kreischt begeistert,
strampelt herum wie wild.

Die Abdrücke des Näschens,
der Händchen stör'n mich nicht.
Ich spiegele so gerne
dies' winzige Gesicht.

Die schlanke Frau tritt vor mich hin,
korrigiert ihr Makeup.
Ein gütiges Geschick ihr gern
Schönheit und Anmut gab.

Doch plötzlich machen Tränen
ihr Gesicht mir sehr vertraut.
Es ist jetzt ohne Tünche – nackt,
linienreich seine Haut.

Eheprobleme sind vielleicht
der Grund für ihren Schmerz.
Oder die Sorge um ein Kind
zerreißt das arme Herz.

Schnell deckt sie die Fassade zu.
Gepflegte Eleganz!
Spiegel sind unbestechlich!
Es gelingt ihr nicht ganz.

Die Greisin nähert sich gebückt.
Die Jahre wurden Last.
Traurig blickt sie in mich hinein.
Sie ihren Anblick haßt.

Sie ist unsäglich müde.
Vor mir steht eine Bank.
Mühsam läßt sie sich nieder.
Sie ist unheilbar krank...

Ich schaue in das eig' ne Bild.
Jahre geh'n – wie der Wind!
Man möchte mich erhalten, doch
... auch Spiegel werden blind...